合唱で歌いたい！スタンダードコーラスピース

混声3部合唱

マイバラード

作詞・作曲：松井孝夫

••• 曲目解説 •••

中学校で歌われる定番ソング。中学生の合唱の導入にぴったりで、合唱コンクールでは欠かせない一曲となっています。力強さを感じる3連符や、その先に続く解放的な美しいメロディー、素直で説得力のある歌詞が、生徒達の心を捉える楽曲です。

【この楽譜は、旧商品『マイバラード（混声3部合唱）』（品番：EME-C3068）と内容に変更はありません。】

合唱で歌いたい！スタンダードコーラス

マイバラード

作詞・作曲：松井孝夫

© 1987 by ONGAKU NO TOMO SHA CORP., Tokyo, Japan.

MEMO

マイバラード

作詞：松井孝夫

みんなで歌おう　心を一つにして
悲しい時も　つらい時も
みんなで歌おう　大きな声を出して
はずかしがらず　歌おうよ

心燃える歌が　歌が　きっと君のもとへ
きらめけ世界中に　僕(ぼく)の歌をのせて
きらめけ世界中に　届け愛のメッセージ

みんなで語ろう　心をなごませて
楽しい時も　うれしい時も
みんなで語ろう　素直(すなお)に心開いて
どんな小さな　悩(なや)み事も

心痛む思い　たとえ君を苦しめても
仲間がここにいるよ　いつも君を見てる
ぼくらは助け合って　生きてゆこういつまでも

心燃える歌が　歌が　きっと君のもとへ
きらめけ世界中に　僕(ぼく)の歌をのせて
きらめけ世界中に　届け愛のメッセージ

届け愛のメッセージ

エレヴァートミュージックエンターテイメントはウィンズスコアが
展開する「合唱楽譜・器楽系楽譜」を中心とした専門レーベルです。

ご注文について

エレヴァートミュージックエンターテイメントの商品は全国の楽器店、ならびに書店にてお求めになれますが、店頭でのご購入が困難な場合、当社PC&モバイルサイト・電話からのご注文で、直接ご購入が可能です。

◎当社PCサイトでのご注文方法

http://elevato-music.com

上記のアドレスへアクセスし、WEBショップにてご注文ください。

◎お電話でのご注文方法

TEL.0120-713-771

営業時間内に電話いただければ、電話にてご注文を承ります。

◎モバイルサイトでのご注文方法

右のQRコードを読み取ってアクセスいただくか、
URLを直接ご入力ください。

※この出版物の全部または一部を権利者に無断で複製(コピー)することは、著作権の侵害にあたり、
著作権法により罰せられます。

※造本には十分注意しておりますが、万一、落丁・乱丁などの不良品がありましたらお取り替えいたします。
また、ご意見・ご感想もホームページより受け付けておりますので、お気軽にお問い合わせください。

LOVE THE ORIGINAL
楽譜のコピーはやめましょう